Pueblos indígenas

Robin Koontz

Rourke Educational Media

rourkeeducationalmedia.com

Scan for Related Titles and Teacher Resources

www.rourkeeducationalmedia.com

PHOTO CREDITS: Cover: © Mlenny Photography; title page: © Bartosz Hadyniak; page 5: © The Power of Forever Photography; page 7: © Pecold; page 9: © Britta Kasholm-Tengve; page 12: © Americanspirit; page 13: © Tony Laidig; page 15: © Coral Coolahan; page 17: © Antonella865; page 19: © Wdeon; page 20: © MShep2, © Bartosz Hadyniak; page 21: © Bartosz Hadyniak

Edited by: Precious McKenzie
Traducido y editado por Danay Rodríguez.

Cover and Interior design by: Tara Raymo

Library of Congress PCN Data

Pueblos Indígenas / Robin Koontz
(El Pequeño Mundo de Estudios Sociales)
ISBN 978-1-62169-915-6 (hard cover)(alk. paper)
ISBN 978-1-62169-810-4 (soft cover)
ISBN 978-1-62717-020-8 (e-Book)
ISBN 978-1-63430-148-0 (hard cover - spanish)
ISBN 978-1-63430-174-9 (soft cover - spanish)
ISBN 978-1-63430-200-5 (e-Book - spanish)
Library of Congress Control Number: 2014953693

Rourke Educational Media
Printed in the United States of America,
North Mankato, Minnesota

Rourke Educational Media

rourkeeducationalmedia.com

customerservice@rourkeeducationalmedia.com • PO Box 643328 Vero Beach, Florida 32964

Tabla de Contenido

Los primeros pueblos

Sucedió hace miles de años. Un grupo de personas se asentaron en un lugar donde nadie había vivido antes. Estos primeros pueblos se llamaron pueblos **indígenas**.

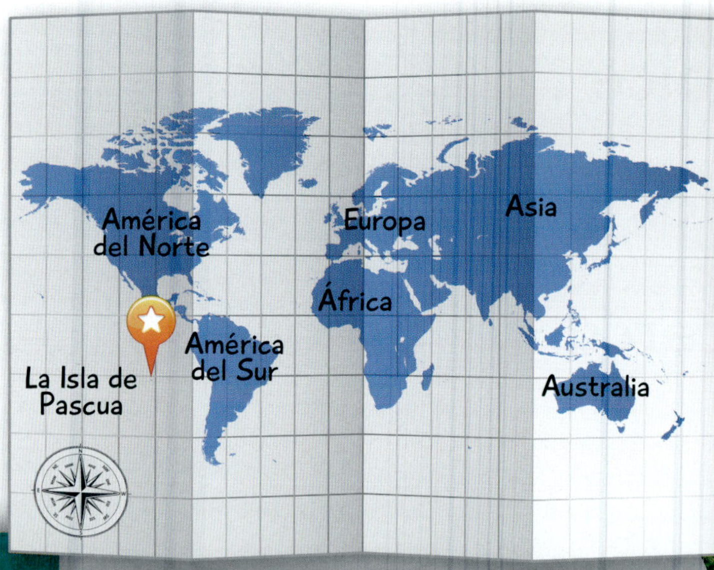

Los rapanui fueron los primeros pobladores de la Isla de Pascua. Los rapanui son muy conocidos por tallar estatuas enormes de roca volcánica. Las estatuas son llamadas *moái*.

A los pueblos indígenas también se les llama primeros pueblos, pueblos tribales o primeras naciones. Ellos viven por todo el mundo.

Los pastores de renos de Komi son pueblos indígenas que todavía se rigen por las viejas costumbres de la helada costa norte de Rusia.

Los pueblos nativos viven en armonía con la Tierra. Ellos tienen un idioma y forma de vestir **tradicional**. Tienen formas especiales de supervivencia.

Los masáis construyen cercas hechas de espinas para mantener a los leones lejos de su ganado.

El momento del cambio

Hace mucho tiempo, llegaron nuevos pueblos a los lugares donde vivían los indígenas. Los nuevos pueblos **colonizaron** la tierra nativa.

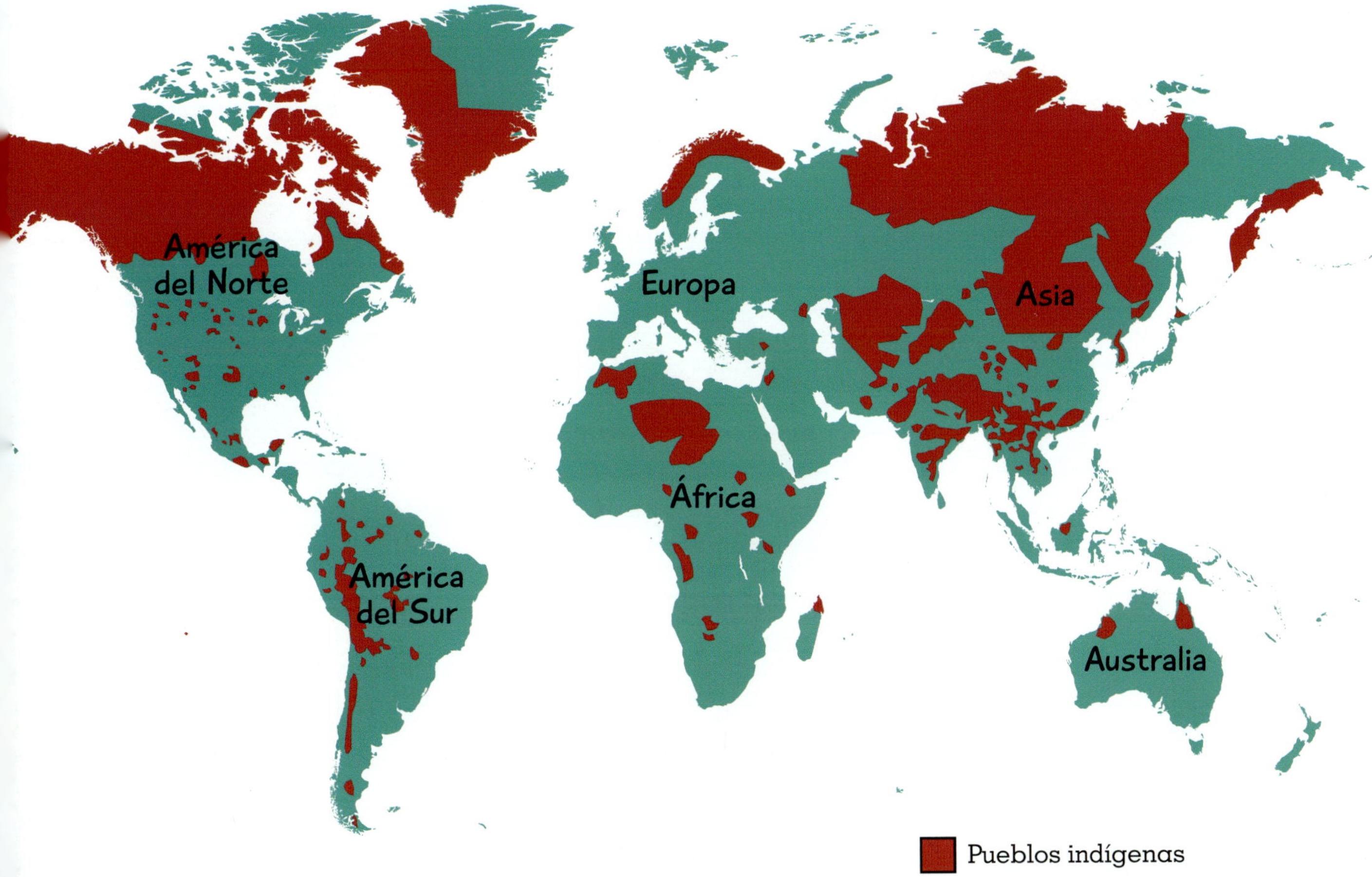

Las zonas rojas en el mapa nos muestran donde habitan hoy en día los pueblos indígenas.

En América del Norte, la llegada de los europeos cambió la vida de los nativos americanos.

Los miembros de la nación Cherokee, en los Estados Unidos, han estado tejiendo cestas de la misma forma durante miles de años.

Preservando el patrimonio

Los pueblos indígenas **preservan** su **herencia** cultural y su lenguaje enseñándoselos a las generaciones más jóvenes.

Muchos pueblos indígenas continúan utilizando los alimentos y medicamentos silvestres que sus familias utilizaron antes que ellos. Es una forma de ellos preservar su **cultura**.

En América del Norte, el powwow es una celebración de las tradiciones de los nativos americanos. Algunas tribus abren su powwow al público para enseñarles sobre su cultura.

Los pueblos indígenas han protegido la Tierra para nosotros por miles de años. Ahora es nuestro turno para ayudar a preservar la identidad y las tierras de los pueblos indígenas.

Muchas organizaciones están ayudando a los pueblos indígenas a preservar su cultura y sus tradiciones para que su historia no sea olvidada.

Glosario Ilustrado

colonizaron: Las personas colonizan cuando comienzan o forman una colonia en algún lugar. Entonces ese lugar ha sido colonizado.

cultura: Las creencias, costumbres, tradiciones y forma de vida de un grupo de personas.

herencia: La herencia es lo que viene de los antecesores de alguien.

indígenas: Alguien es indígena cuando es nativo del lugar donde vive. Las plantas y animales también pueden ser indígenas.

preservar: Preservar quiere decir mantener algo protegido.

tradicional: Tradicional se refiere a las costumbres y formas de hacer las cosas. Las tradiciones pasan a formar parte de una cultura y se pasan a los hijos.

Índice

Sitios Web

www.nativeplanet.org/index.shtml

www.un.org/Pubs/CyberSchoolBus/indigenous/index.asp

www.culturalsurvival.org

Acerca del Autor

Robin Koontz es autora e ilustradora de una amplia variedad de libros y artículos para niños y adultos jóvenes. Ella vive con su esposo en la Cordillera Costera del oeste de Oregón.